夫婦の別れ[死別]ほど つらいものはない

——未体験の夫婦へ伝えたい——

上山陸三

樹芸書房

刊行に寄せて

旧郵政省／東京・飯田橋郵便局長
東北アララギ会「群山《むらやま》」同人
土岐《どき》　邦成《くにしげ》

本年三月号の『新潮45』は特別企画として「妻に先立たれた男の話」を組み、妻を亡くして何も手につかなくなった作家や自暴自棄になって酒に溺れた医師がいて彼らが死にゆく妻をどのように看取って、残されたその後をどう生きているかを追っている。また、同年四月号の『文藝春秋』は大型企画として「亡き妻へ　亡き夫へ」のテーマで時の人の手記を掲載して話題を呼んでいる。

この両企画に呼応するかのように、このたび私の高校時代の恩師・上山陸三先生（以下、「著者」と記す）が本書を樹芸書房から上梓された。今なお、教示と交誼を賜わっている教え子としては、又とない慶事であり心から祝意を申し上げることとしたい。

さて、本書のタイトルは『夫婦の別れ［死別］ほどつらいものはない』となっているが、体験者としての著者の哀惜なる思いが込められている。

著者は、これまで本書を含めて五冊の本を著わしている。ここでは、四冊目の著者自らが編んだ『遺稿歌集 亡き妻を偲びて』（二〇一六年、南方新社刊）をあげるに留めたい。因みに、今は亡き夫人・上山和子さんは宮柊二創刊の短歌誌『コスモス』のれっきとした歌人であったことも記しておきたい。

また、著者は鹿児島県内各地の高校で英語教師として教鞭をとる傍ら一九八二年には「反戦・反核・平和運動をすすめる大隅市民の会」を市民仲間と結成し、同会代表として三十有余年平和運動を主導し今日に至っている。その功績が認められて、二〇一四年「遠藤三郎賞」（平和賞）を受賞されたことも併せて記しておきたい。本書理解の一助になると思われるからである。

ところで、本書は三年前に伴侶を失い今年八六歳を迎えた著者の生涯における最大の苦しみ（苦悩）を赤裸裸に綴った渾身の作品で、読んで感銘を覚えたことを先ず記しておきたい。

著者によれば、本書を敢えて著わした理由は「伴侶を失ったことのない未体験者に体験談を伝えることにより彼等がお互いをより一層大事にし合い、夫婦円満な生活を送ってもらいたい」一念があったからだとしている。

本書では、第一章において体験者四人による談話を紹介しているが、その内容は冒頭で触れた『新潮45』と『文藝春秋』のそれと、ほぼ共通しているようである。すなわち「夫婦の別れ［死別］は人生における最大の苦しみ」であり、長い人生の途上で別れがあれば長年苦楽をともにして人生を歩んできた伴侶への感謝が募り夫婦愛が増すというものである。

第二章ではこれを敷衍《ふえん》するかたちで著者の体験が詳細に語られており胸を打つのである。とりわけ「弔辞」のくだりは臨場感があふれていて感涙を禁じ得なかった。いよいよ第三章に至って、筆者は第一項～七項は独り静かになって気の向くままに追体験している。その上で隈無《くまな》く知人・友人にも本書を勧めてみようと考えている。

追体験について少し触れたところで、次に著者が本書の文中でしばしば述べている二つの想念について簡記しておきたい。これらは著者の考えを知る上で重要であるからである。

一つは、自責の念であり、残る一つは絶望感である。前者は「妻の臨終を看取れなかったこと、後者は「もう二度と妻とはこの世で会うことはできないのだ」という二つの想念が著者を捉《とら》えて苦しめ悲しませるのだという。

そして、遂には「死」についてまで考えが及び「妻の所へ行くのだと考えれば死を恐れない」とまで記している。こうして、二つの想念が著者にとって「夫婦の別れ「死別」ほどつらいものはない」との最大の要因となったのであった。この言葉を自分のこととして捉え、追体験していたら、実際生ずる体験の半分程度はできて、それでもって妻をもっと大事にしたであろうと述懐されている。著者が本書の中で最も伝えたかったところであろうと思う。恩師の言葉として筆者も肝に銘じておきたい。

最後に、恩師・上山陸三先生のプロフィールについて。教育者を筆頭に著述家・平和運動家等の肩書を持つ。教え子からみれば熱血教師、社会へ出てからみれば行動・実践の人である。

一九八二年六月、第二回国連軍縮特別総会にＮＧＯ（非政府組織）から派遣する代表団のメンバーの一人に推薦され、国連へ参加する。その時の総会参加者達へ、仲間と「反核ステッカー」を配布する行動力、学校教育では授業前5分間、読書指導を熱心に行い、学生たちに影響を与え、『読書のすすめ』（一九八九年、樹芸書房刊）を結実される。

その恩師から、ある日突然に本欄を書くようにと勧められた。もとより力量不足、その任に非ずと固辞した。それでも書けといわれる。「清水の舞台から飛び下りる」覚悟で引き受けた。僭越《せんえつ》を承知である。本書でも明らかのように著者は夫人の遺稿歌集を自ら編む程の短歌にも精通した恩師。加えて筆者が短歌を通じて故人と交誼があったことなどが考慮されたのであろう。浅学非才の身を顧みず筆を執ったことを寛恕《かんじょ》賜わりたいと思う。

本書には夫婦が安心して円満な暮しが送れる術《すべ》が詳述されている。

読者が本書を手にすることによって、その方法を会得されるなら著者の喜びと願いは叶えられるであろう。

最後に著者と樹芸書房代表の小口卓也氏との邂逅《かいこう》に立ち会えた僥倖《ぎょうこう》に満腔《まんこう》の謝意を表して擱筆《かくひつ》することとしたい。

二〇一八(平成三〇)年　五月

まえがき

プライベートな事から始めるのを大変恐縮に思うが、私は昨年二〇一七(平成二九)年一一月二三日、つまり妻の死後二年目を機に、この原稿を書き始め、二か月余りが経過した。年寄りのペンはなかなか進まない。加えて文才に乏しい。一日に原稿用紙二枚程度書くのに一苦労する。夕方になると疲れ果てて、早めの晩酌をし栄養補給をしなければ、体が持ちそうにない。

私は一九三二(昭和七)年三月一〇日の生れだから、今年二〇一八(平成三〇)年の誕生日で八六歳を迎える。

二年三か月前、私は五三年間生活を共にしてきた妻を亡くした。妻は享年七六歳でまだ若く、私が八三歳の時だった。それ以来今日に至るまで、私は妻の死の衝撃で悶々《もんもん》とした日々を過ごしてきた。

「夫婦の別れ「死別」ほどつらいものはない」といわれるが、正にその通りで生涯における最大の苦しみ(苦悩)だと思う。

私がこの苦しみに明け暮れている最中、まだ一年余りしか経っていなかったが、私たち仲間が結成している「高退教大隅支部」の会から、忘年会への案内状が届いた。ちなみに、この支部の会は鹿児島県の高校教職員退職者が、県内各地に結成している会である。

私はこの案内状を受け取った時、まだ「忘年」の気など起らないので、即刻、断ることにし、欠席の方に○印を付けた。しかし、次の瞬間、今までの忘年会で毎回会っている仲間たちの顔が浮かび、会いたい気にもなり、即答を躊躇《ちゅうちょ》し、しばらく考えてみることにした。すると間もなく次の考えが浮かんだ。

出席する仲間たちの大部分は私より後輩で大抵は夫婦ともども元気に過ごしている人々であろう。とすれば、自分のような「夫婦死別のつらさ」を体験した人はほとんどなく、このつらく、苦しい体験を彼らに語り伝えることは、大変参考になるのではなかろうか――と思ったのである。

そこで、まだつらい心境であったが、少しでも仲間たちの参考になればと思い、考えを翻し、体験談をしようと決意し、欠席の方を消し、出席に○印をして返信することにした。

いよいよ当日になり、宴会場を訪ねると、すでに二〇名ほどの仲間たちが集まり、雑談を交していた。私は早速、入口の受け付け係に会費を納め、まず出席予定者数を確かめた。すると係は、男性二〇名、女性五名の合計二五名と答え「上山先生は本日の最高齢者です」と言い、上座に座るように指示された。

私は最長老とはいえ恐縮したが、言われるままに上座に座り、一先ず集まっている仲間たちに挨拶した。すると彼らは一斉に「上山先生お元気でしたか。しばらく会いませんでしたね」などと挨拶を返してくれた。なかには私の妻の死去について知っている者もあり、わざわざ私の座席までやってきて、弔意を述べてくれた。

数分後、司会が立ち上り、簡単な挨拶と共に予定者全員が集まったので「宴会を始めます」と言い、開会の挨拶をするよう安松良和会長に指示した。

会長は最近の政治・経済・社会・環境等に関する問題点を突いた、簡潔で要を得た挨拶をした後、最後のところで、私の妻の死去についても触れてくれ、心のこもった哀悼の言葉を贈ってくれた。

私はこの言葉を聞いて、大変心を動かされ、友情の有難さを思い、会長が近くの座席に座った時、深く感謝した。

引き続き、司会の指示で、会長が乾杯の音頭をとり、酒宴が始まった。

それから一〇分も経たぬうちに、再度、司会が立ち上り、恒例による各人の近況報告を宣し、先ず上座の方からするよう指示した。

私は慌てたふりをしたが、内心チャンス到来と覚悟し、弱った足腰を隣席の仲間たちに体ごと引き上げて貰い、ようやく立ち上り、勇を鼓して、仲間たちに対し「皆さん、近況報告をする前に、五分程度、私に特別な時間を下さらないでしょうか。会長が挨拶で触れて下さった私の妻の死去に係わることで、皆さんに参考になると思う話を用意しておりますので……」と述べると、全員「ＯＫ」の声があがった。

「有難うございます。それでは先ず、皆さんの中に、夫婦死に別れの方はおられないでしょうか、それからお訊ねします」と問うと誰もいなかった。私はいささかほっとして話を切り出すことにした。

——断っておくが、仲間たちに予想外に「受けた」話の内容については、年寄りの繰り言で、本文において縷々《るる》述べているので、ここでは無論、省略し、論旨だけ記すことにする——


皆さんは、いずれ私同様、夫婦死別の運命にあるのですが、世間でよく言われる「夫婦の別れ［死別］ほどつらいものはない」という言葉を自分のこととして受け止め、考えてみたことがあるでしょうか。

実は私、この言葉を迂闊《うかつ》にも他人事として聞き流し、自分のこととして考えたことが一度もなかったのです。そのため、妻を亡くして以来、反省と自責と後悔の念に苦しめられてきました。

もし私が、妻の生前、この言葉を自分のこととして真剣に受け止め、考え、その内容を少しでも理解していれば、妻をもっともっと大事にし、夫婦ゲンカもせず、お互い助け合い、幸せで円満な生活を送れただろうと思うのです。

そこで皆さんへ、忠告めいた訴えをさせていただきます。

「夫婦の別れ、つまり死別」は生涯における最大の苦しみだと思います。この苦しみを少しでも避けるために、「夫婦の別れ〔死別〕ほどつらいものはない」という「この言葉」を自分のこととして受け止め、考え、その内容を想像し、少しでも理解して欲しいと思います。できることなら、体験者から詳細な話を聞いてでもして追体験してみて下さい。

そうすれば、夫婦死別の心境が、少しでも理解でき、夫婦元気に暮らしている今、お互いをより大事にし、より親しく助け合い、幸せな生活が送れるものと確信致します。

このことは忠告というより、私からの切望です。以上、要を得ませんが、予定の時間がとっくに過ぎてしまいましたので、これで止めます。有難うございました。

話をし終わった時、仲間たちから一斉に拍手を送って貰い、数名の者たちが立ち上り、「今夜は二次会へは行かず、家へ直行して、母ちゃんを大事にします」「夫婦ゲンカは勿論、DVなど一切しません」「明日からは、釣りにも散歩にも一緒に行きます」「買い物にも母ちゃんの後をついて行きます」等々と反省と賛同の意見を述べ、「上山先生、今夜は大変参考になるお話を聞かせていただきました」と、司会が締め括《くく》った。

その後、各人の近況報告でも、多くの仲間たちが、私の話に感銘を受けたらしく、謝意を述べてくれた。なかには女性の方で、わざわざ私のところまで来て、低い声で「主人が胃癌で苦しんでおり、私が毎晩看病していますが、看病疲れで、時にはいやになることも正直ありますが、今夜の先生のお話を聞いて、主人をずっとずっと大事にしていきたいと思います。勇気をいただいたような気がします。有難うございました」と頭を深々下げ、感謝してくれた。

私はこの女性の話に深く心を打たれ、慰めていいものか、励ましていいものか、戸惑ったが、同情を禁じえず「大変でしょうが、ご主人を大事にし、頑張って下さい」とだけ言い返礼した。

私は自分の体験談が予想外の反響を呼び、「受けた」ことを嬉しく思い、家に帰り着くなり、妻の遺影に向って、そのときの一部始終を報告したのだった。亡妻はきっと、草葉の陰で喜んでくれたことと思う。

二〇一八(平成三〇)年二月一三日

上山　陸三

目　次

夫婦の別れ[死別]ほど
つらいものはない

——未体験の夫婦へ伝えたい——

序章　夫婦の死別は人生における最大の苦しみ

今日は二〇一七(平成二九)年一一月二四日である。

五三年間、生活を共にしてきた妻が死去してから、昨日でちょうど二年目だった。

妻は享年七六歳で、まだ若く、私が八三歳の時だった。

私はこの二年間、亡妻への想念に支配され、原稿など書く気はまったく起らず、読書さえ本腰を入れることができなかった。

二年目を過ぎ、まだ想いは頭にこびりつき去らないが、この節目を機に二年間考え続けてきた様々な想念を書き残しておきたい。

「夫婦の別れ[死別]ほどつらいものはない」と、世間でよくいわれるが、まったくその通りだと思う。

この死別の体験者と無数に接してきた私の知人の僧侶が、妻の死を伝えると「上山さん、夫婦の別れは人生における最大の苦しみですよ」と言い、体験者の苦悩の様子をいろいろと説明しながら説教してくれた。

私は、この説教を待つまでもなく、この二年間(まだ続くと思うが)、妻の死に直面し、つらく、苦しく、悲しい日々を過ごしてきた。

夫婦の死別はまさに生涯における最大の苦悩だと思う。

後で詳述するが、事前にこの苦悩を少しでも知っていれば、私は妻をもっともっと大事にするのだったと悔まれてならない。

そこで、この苦悩(苦しみ、つらさ、悲しみ等)を未体験の夫婦に伝え、それを少しでも理解してもらい、夫婦が今まで以上にお互いを大事にし合って暮らすことをおすすめするため、この原稿を書きたいと思う。

第一章　体験者四人による談話

私は自分の体験を書く前に、客観性を持たせるため、知人数名の事例を紹介させてもらうことにする。

事例を紹介する前に、私は自分の職業をお知らせしておかねばなるまい。

私は鹿児島大学の文理学部で英米文学を専攻し、高校の英語教師になり、六〇歳で定年退職し、以来、二五年が経過している。

このような関係から、以下紹介する知人の手紙や電話での対話は主として「教え子」や同僚に係わるものである。

（断っておくが、知人の氏名や出身校名、居住地などは当事者とは無関係な英語で頭文字だけを記す。例としてA氏、B校、C市等）

1　M君の場合

私は、私より一〇歳も若いM君をT高校で三年間担任をしたが、成績優秀といえるほどではなかったけれど、機知に富み、ユーモアにあふれた生徒だった。いつも同級生たちを爆笑させていた姿が今も印象に残っている。

M君は高校を卒業と同時に上京、Y市のさる会社に就職し、七〜八年後、独立してK企業を設立・経営し、社長に立身した。

その間の事情を、手紙やハガキで私にしばしば伝え、結婚後は夫婦揃って拙宅を二回も訪ねて来てくれた。

社長になって数年後、さる景勝地に「別荘を建てた」と言い、私を招待する約束まで交してくれていた。

二年前、私が妻の死を知らせる喪中のハガキを出し、それを受理した直後、M君の夫人が電話で泣きながら、「先生、申し訳ありません。お伝えせずじまいでした。主人が半年前、亡くなってしまいました」と号泣し、声が途切れたほどだった。

私は信じられぬほど驚いたが、今度はこちらから、すかさずM君の死の状況を訊ねてみた。すると、夫人は少し落ち着きを取りもどし、次のように話された。

M君はいつもの通り早朝、会社へ出勤する準備をしていた時、突然、目まいに襲われ、その場に座り込み、頭が痛いと呟《つぶや》き、その後何も言わなくなった。

夫人は急いで近寄り、夫の体をゆすったが無言であった。慌てて救急車を呼んだが、到着した時には、夫はすでに無意識状態で息を引き取っていた。

診察の結果は脳卒中だったという。

夫人は一応ここまでの状況を話されたが、またまた悲しみがこみあげたらしく、泣きじゃくってしまわれた。

そこで私は、一先ず電話を切り、後で詳細を聴くこととした。

再び電話をかけるまでの間、私は以前上京した時、M君に鎌倉や泉岳寺などを案内してもらったことや、彼の会社が製造している応接間用のテーブルやソファーや椅子等、高価な贈物をしてくれたことを思い出し、彼への感謝の気持ちと無念な思い、その他様々な想念に包まれた。

約三〇分ほど経って電話すると、夫人は待っていたとばかりに、いきなり「先生、ほんとにすみませんでした。主人が突然亡くなった後、私は茫然《ぼうぜん》となり、何をしていいか分らず、半年間、泣き続けました。先生へお伝えすることも、すっかり忘れていました。先生の奥様の喪中のおハガキを受け取り、ふと気付き、お電話した次第です。ほんとに申し訳ございませんでした」と一気にここまで話されたので、私は話をさえぎるようにして、「いや、私はまだM君の死を信じられずにいます。以前、何か兆候があったのでしょうか」と訊ねると、「別に何もありませんでした。先生もご存知のとおり、体だけは丈夫だと本人自身も言っていたんですよ」と述べ、続けて、その後の彼女の心境を次のように訴えるごとく話された。

「先生、私は恥ずかしいですが、主人の死後、孤独感に苦しみ、主人の顔写真を部屋の壁に何枚も張りめぐらせました。返事は返ってきませんけれど、それを一枚々々眺め、主人の名を泣きながら呼び続けました。声もかれてしまうほどに……。先生、夫婦の別れほどつらく、苦しく、悲しいものはございませんね。先生もきっとお分りと思いますけど」と問いかけられるので、「まったく同感です。夫婦の別れは人生における最大の苦しみだと思います」と応じると、彼女は納得したように、その後の経過を次のように話された。

彼女は毎日、亡夫の写真を眺め、まるで気が狂ったように泣きながら夫の名を呼び続けた。

この様子を、隣りに住む彼女の長男夫婦が見かね、うつ病にでもなるのを恐れ、家に引き取り、同居することにした。二人の孫もいたので、少し気分も晴れ、毎日、朝夕だけ仏壇に焼香するために帰るという。

遺影を眺め、話しかけても何の返事も返ってこないので、そのたびに「この世ではもう二度と夫に会うことはできないのだ」という思いが浮かび、涙に咽《むせ》んだ。

私は電話の時間が三〇分近く経っていたので、この辺で、一先ず打ち切り、弔意を述べいずれまた、話を伺うことにした。

2　K氏の場合

K氏が心臓手術の失敗で亡くなったのは、三年ほど前だった。私は翌年の喪中のハガキでその事を知ったが、迂闊《うかつ》にも、すぐに事情をK夫人に聴くことを逸してしまった。

K氏とは私が労働組合運動で知り合い、親しくなった仲間であり、高校の教師で、担当は国語だった。私の住む鹿屋市より遠距離のS市に住んでいた。当時、組合運動が盛んで、私は組合活動を通じてK氏の二人の友人とも知り合い、組合総会の時は四人でタッグを組み、討議の時は執行部に激しい質問を浴びせたことも、しばしばあった。

今から三〇年ほども前だったろうか。組合総会が遅く終って、四人でＫ氏宅で飲み会（酒宴）をすることになり、その夜は宿泊する覚悟で訪ねることにした。

突然の訪問にとまどったＫ夫人は、すぐ落ち着き、丁寧に家に案内された。Ｋ夫人は小柄な美人で、Ｋ氏がＮ高校で三年生のクラス担任の生徒だった。教師と教え子が結婚する例はよくあることだが、Ｋ氏はＫ夫人が卒業後二年目に結婚した。

Ｋ氏宅を初めて訪ねた私は、二人が深い愛で結ばれた仲のよい夫婦であるのを直感した。私たちは何の気兼ねもなく、深夜まで飲み明かし、ザコ寝同然に寝込み、その夜を過ごした。その時の記憶は今も鮮明に残っている。

二年前、私の妻が亡くなって間もなく、Ｋ氏の友人の一人が、私には教えずにいたと断って、Ｋ氏の葬儀に参列したことを教えてくれた。

咄嗟《とっさ》に私は、Ｋ夫人から喪中のハガキを受け取った時、事情を聞きそびれたことを深く恥じ、後悔した。

その後すぐ教えた友人を責めても仕方がないと思い、K夫人へ香典を送り、電話で事情を訊くことにした。

次に彼女の話の要点だけを紹介することにする。

K氏は心臓疾患で手術を受け、手術は成功したかにみえ、二日間は病室で安堵《あんど》して過ごしたが、三日目に病状が急変し、応急処置も空しく、息を引き取った。

傍《かたわ》らに付き添っていた彼女は、気が動転し、号泣しながら、夫の名を何回も呼び、体にすがり付き、強くゆすったが、何の返事もなく夫はかえってこなかった。

現実とは思えなかった葬儀をすませたのち、彼女は仏壇に置いた遺影を眺め、一年以上も泣き明かした。

少し気持が落ち着くようになった頃、かつて恩師だった夫のことを思い浮かべ、「私は先生（夫）のよき妻だったろうか。先生は私に満足して下さったろうか。こんな苦しみや悲しさや辛さが分っていれば、先生にもっともっと尽くしてあげられたのに。私は先生がいとしく、更に更に愛するようになりました。

私は一年以上過ぎても、まだ先生の死を信じることができず、傍らに一緒にいて下さるような気がします……」（「　」内は彼女が述べたことを忠実に再現することに努めた）

K夫人は電話で何回も息を詰まらせ、夫との死別の苦しみを以上のように述べられた。

3　S夫人の場合

S夫人の夫（S君）は私が大学時代、家庭教師で教えた青年で、大学卒業と同時にK市内の郵便局に採用され、初め配達係だったがのちに事務員となり、四〇年近くも勤務した人物である。

二年前、新聞の死亡広告欄で、私の妻の死を知り、驚いてすぐさま電話してくれた。S君は私の妻と面識もあり、七六歳の若さで、しかも私より先に逝ったことを大変気の毒がり、深い哀悼の意を伝えてくれた。

その時、咄嗟に彼は一〇年ほど前、自分の妻と死別した時の心境と、その後の体験が思い浮かんだのだろう。電話で私に弔慰を伝えたあと、続けて次のように語った。

「先生、今お分りのとおり、妻との別れほどつらいものはありませんよ。私は妻が亡くなった後、何をしていいかまったく分らず、途方に暮れました。家事を一切、妻に任せていた私は、炊事は勿論のこと、部屋の片付けや掃除さえろくに出来ず、ありし日の妻をいろいろと思い浮かべ、男泣きに泣き暮れる日々が続きました。

結婚して隣りに住んでいる娘が、毎日、朝夕訪ねてきて、私が自殺でもするのではないかと恐れたのでしょうか、『父ちゃん、我慢して強く生きぬくんだよ！』と何回も叱咤《しった》し、励ましてくれました。そして、一年以上もの間、娘が炊事も部屋の掃除も一切してくれました」

ここまで一気に話したS君は、「先生、話が少し長くなりますが、先生の参考のために私と同様の体験をした知人、友人の話を要点だけ、お伝えさせて下さい」と言い次のように話してくれた。

「その体験とは、夫婦いずれにも共通することですが、死別した一年目は気が動転し、苦しみと悲しみとつらさに包まれ、泣き明かす日々が続きます。二年目は心に少し落ち着きを取り戻しますが、一番苦しい年です。そして、三年目になると、一〜二年間味わった感情が薄れ、解放に向かいます。これが一般論のようです。ただ、私の場合は、先生に少し恥ずかしいけど、三年で解放されず、それ以上続きました。人によりけりだと思います」

4　T氏の場合

T氏は四年ほど前、胃癌で亡くなった。

私は在職中、鹿児島県高教組本部の執行委員をしたことがあったので、組合員だった彼は私をよく知っていたという。

私がT氏と直接知り合ったのは次の理由からである。

私は一九九七年六月(私が六五歳の時)、韓国春川《チュンチョン》市にある翰林《ハンリン》大学の日本学研究所・所長の池明観《チミョンカン》教授が、ソウルに「日本学図書館」を設立するため一〇万冊を目標に日本の文献を一般市民から募集しておられることを知った。

そこで私は同年七月、日韓親善友好を目的として、「日韓親善・友好・文化交流に寄与する会」を八名の友人と仲間で結成し、同会の代表として、日本語文献を集め、池明観先生のもとへ送る（寄贈する）ことにした。

私はふと思い立って、八名だけで本を集めるのは知れたものだから、広く市民から募集しようと考え、同会の趣旨を述べ、新聞の世論欄へ投稿することにした。意外にも、南日本新聞、朝日新聞、西日本新聞、毎日新聞の四社が、日は異っていたが、掲載してくれた。

すると、早速読者から電話やハガキ・手紙等で、協力する旨の便りが次々と寄せられた。

数日経って、知人や未知の読者から、各人数冊から一〇冊、多くは三〇冊から五〇冊も送られてきた。

私たち八名の驚きと喜びと感謝の気持は大きかった。そこで、私は代表として寄贈者全員へ感謝状を送ると共に、会員自ら集めた本と読者からの寄贈図書を荷造りして韓国へ送ることにした。

私たちは会を発足させた時、五千冊を目標に本を集めることに決めたのであるが、翌年一九九八年八月まで、優に目標を突破した。

その頃、私たちの運動の状況について朝日新聞の記者が取材し、掲載してくれた。その記事を、偶然読んだT氏が大変感動し、その旨を書いた手紙と共に、彼の蔵書の中から何と二千冊もの大量の本を寄贈してくれた。

このことをきっかけに、私は彼との交友を始め、何回も対面してきた。彼は大の読書家で、大変誠実な人物だった。

ちなみに、その後も私たちは約半年間、贈書の募集を続け、T氏の二千冊を含め二万冊近くの日本文献を翰林大学日本学研究所へ送ることができた。

この行為に対し、池明観先生から大変心のこもったお礼の手紙を頂いた。私はそれを早速、南日本新聞「ひろば」欄係へ送り、掲載してもらったことを付記しておきたい。

また、当時、私の妻が元気だったので、私たち会員が本の荷造り・発送をするたびごとに、茶菓を出してもてなしてくれた光景も、今、鮮明に甦ってくる。

さて、私がT氏の死を知ったのは、彼の死後、約一か月も経っていた。私より一〇歳も若かった彼が、よもやと思い、大変驚き、S市に住居のあるT氏宅へ急いで電話した。

T氏夫人が電話に応じ、比較的冷静に夫の死に至る原因や経過を話された。彼女の話も、前述三名の体験同様、夫婦の死別の苦悩は、ほぼ似通っているので、それは省略して、特に私の印象に残ったことを紹介させてもらいたい。

夫人の話によると、結婚以来、夫は彼女を一度も怒ったことはなく、むしろ彼女の方から、夫婦喧嘩《げんか》らしいものを仕掛けてみたが、喧嘩にはならなかったという。

以下、彼女が話したことを可能な限り忠実に引用してみよう。

「私の主人は、私の話によく耳を傾けてくれ、意見も尊重し、私を大事にしてくれました。土曜、日曜日など、私たちは買い物や散歩にも、いつも一緒に行きました。私は主人と一緒にいる時が一番幸せでした。

難しい闘病生活をしていましたので、万一の場合を考え、一応、覚悟はしていましたが、亡くなった時、私は気が動転し、目先が真っ暗になり、主人の体にすがりつき、『いやよ、いやよ』と言いながら号泣しました。

葬儀は、ようやく心を落ち着かせ、なんとか終わりましたが、主人の遺骨が火葬場から家へ帰ってきた時、私は遺骨の傍《そば》から一時も離れることができず、あたりかまわず泣きくずれました。

いよいよ、遺骨が近くの寺院の納骨堂へ運ばれ、納骨される段取りになった時、私はそれに強く反対しました。

主人が納骨堂で一人眠るのはあまりに寂しく、可哀想だと思ったからです。私は主人がたとえ遺骨であっても、傍から離れたくなかったのです。

子供や兄弟・親戚などの説得も頑《かたく》なに断り、遺骨は家に置くことにしました。そして、一年間、寝室のベッドの枕もとに大事に置き、一緒に過ごしました」

ほぼ、以上のことを夫人は話されたが、気丈に思えた彼女も、流石《さすが》に、電話の向うでは落涙している様子が伺えた。

＊　＊

以上四名の夫婦死別の体験について紹介したが、いずれの方々も深い夫婦愛で結ばれていた。

それでは、不仲《ふなか》の夫婦の場合はどうなのかといえば、やはり、前四者の場合と本質的には同様であるように思う。

夫婦のいずれかが、亭主関白であろうが、嬶《かかあ》天下であろうが、それは関係がないようだ。

しばしば、夫婦喧嘩をしていたという亭主関白のさる人が、五〇年以上、共に暮らした妻に先立たれ、その後、孤独感に襲われ、すっかり憔悴《しょうすい》し、妻に家事一切をまかせ、命じ怒鳴り散らしたことを、ひどく後悔し、「俺はかか(妻)へ悪いことをしてしまった。あれが居なければ何もできない。こんな寂しいことも、つらいこともない。もう一度、かかをこの世へ連れ戻したい」。

ほぼこのような懺悔《ざんげ》を知人へ告白したという。

この他にも、似通った例を聞いているが、それは省略することにする。

冒頭、私は妻に先立たれた後の体験について少し触れたが、前述した夫婦死別者に共通する事後の体験を少しまとめ、改めて述べておきたい。

夫婦いずれを問わず、死別後に抱く苦しみ、悲しみやつらさは、ほぼ同様で、物心両面にわたり、様々な思い出を想起し、苦しみと後悔の念に包まれ続けるということである。そして、もし事前にこれらの事情が少しでも分っていれば、夫を、そして妻をもっともっと大事にすべきだったということである。

今、改めて述べたこの事情こそが、八六歳を迎える私にこの原稿を書かせる理由となったのであり、未体験者に体験談を伝えることにより、彼等がお互いをより一層大事にし合い、夫婦円満な生活を送ってもらいたいと願ったからである。

第二章　私の体験

いよいよ自らの体験を紹介するところへきた。

第一章の四名の体験談はいずれも肝心なところだけ紹介したので、もっと詳細についての体験を伝えねば、未体験者への十分な参考にならないのではと思うので、私の場合はそのようにさせていただくこととする。

序文でも少し触れたが、私の妻は二〇一五(平成二七)年一一月二三日午後五時、居住地の鹿屋市にある「西原クリニック」(個人医院)で亡くなった。

死因は「原発不明癌」という初めて聞く病名で耳を疑ったほどである。享年七六歳で、私が八三歳の時である。

私たちは五三年間、生活を共にしてきたので、その間の出来事や思い出が無数にある。そこで、それらの中から参考になると思われるものを選び、順次紹介させていただく。

1　妻の臨終を看取《みと》れなかった悔い

妻は西原クリニックで死去する前、鹿屋市にある二つの総合病院で、一か月程度ずつ入院していた。いずれの病院の医師からも病気が重いことを聞いていたので、私は両病院が完全看護であるにも拘《かか》わらず、許可を得て個室で妻と起居を共にした。西原クリニックでも一か月近く入院したが、その間も妻のもとを離れず老々介護をした。

死去する一週間ほど前、院長室で、医師に妻はあと四～五日しか持つまいと宣告された時、私は一応の覚悟はしていたが、衝撃を受け「先生、なんとかして、妻を助けて下さいませんか」と懇願したが、医師は頭を縦に振らなかった。しかし、看護師たちの必死の看病で、妻は予告より二日間も延命した。

その二日目の午後四時半頃、たまたま用件で帰宅していた息子から、叔母が夕食を届けてくれた旨の電話がかかってきた。

私は病院では店屋物以外はほとんど食べていなかったので、義妹（私の実弟・上山四朗の妻敬子）の手づくり料理が食べたくなり、車で片道一〇分程度の自宅へ帰ることにした。よもやその間に、病魔が妻に死神をもたらすとは思いもせずに……。

帰り着くなり、息子が門の所に待っており、「お母さんが危篤だから、すぐ病院へ来てほしい」という電話があったよ、と声を震わせながら告げた。私はすぐその場で引き返すことにした。途中、交差点の赤信号の点滅がいかに長かったかを忘れることができない。私は妻が生きていてくれるよう神仏に祈りながら病院の駐車場に着いた。まさにその時、妻は二人の看護師に看取られて息を引き取ったという。

私が階段をかけ上がり、病室へ入った時、主任看護師が窓から見える駐車場を指差し、私が駐車したまさにその時、妻は絶命したという。私はその説明を聞くのはそこそこに、変り果てた妻の顔を見て、すぐ額に右手を置くと、すでに冷たくなっていた。

私は咄嗟《とっさ》に悲しみが込み上げ、額に口づけすると、あたりかまわず声を押し殺し号泣した。状況を察した二人の看護師が病室から出て行ったので、慟哭《どうこく》した。

「母ちゃん、ごめん、ごめん」と涙にむせびながら何度言ったか分らない。

私は頭が混乱していたが、しばらくして、妻が臨終の際「お父さんは、なぜ自分が死ぬ時、傍《そば》にいてくれないのだろう」と思い、一人寂しく息を引き取ったのではなかろうかと想像してみた。涙が更に溢れた。

私はこの時の痛恨の思いと悔いを今日に至るまで忘れることができない。

そこで、私は伝えておきたい。

夫婦の死別に際し、夫または妻が、あるいは父母、兄弟、姉妹の誰かが、不可避的な事情のある場合は別として、臨終を看取るべく、当人の傍《そば》に居るべきだ、ということである。（無論、父母や親子の死別の時も同じであるが）

私はこの時の後悔の念について、また後で述べようと思う。

2　葬儀場での弔辞の紹介

葬儀場は家から一番近い所にある「あけぼの葬祭」を選んだ。

葬儀の時、最もつらいのは遺体が納められた柩《ひつぎ》に参列者たちが、色とりどりの花を入れ、冥福を祈り、最後に喪主が妻や夫が愛したと思われる花を、置く時である。そして蓋《ふた》がかぶされる。この時のつらさも言いようがない。その心境については省くことにして、弔辞について、喪主の私が、妻との馴《な》れ初《そ》めから死に至るまでを記した内容を紹介させていただく。

大変長文で、型破りのもので恐縮するが、後述する事柄と関わりが深いので、ぜひご一読いただければと思う。

弔　辞

喪主　上山陸三

皆さん、こんにちは。喪主の上山陸三です。

私の妻・和子は医師より死の宣告を受けてから数日間、酸素マスクをつけ、点滴注射を打ち、悪戦苦闘しました。その間、子供たちをはじめ、兄弟夫婦が毎日見舞いに来てくれ、「和子さん、元気になるから頑張ってよ」と励まし続け、奇蹟の到来を祈りました。しかし、奇蹟は訪れませんでした。そして、とうとう一昨日、享年七六歳の生涯を閉じました。

妻・和子は生前、遺言で「他人様《ひとさま》にご迷惑をかけるといけないから、私の葬儀は親族と近親者のみで『家族葬』をして下さい」と言っていましたので、そのつもりでいましたが、本日はご多忙にもかかわらず、沢山の方々がご参列下さり、誠に有難うございました。深くお礼申し上げます。和子も祭壇の写真から皆さま一人々々を見つめ、恐縮し、喜び感謝していると思います。

さて、和子と私の出会いからお話しさせていただきますので、ご拝聴下さいませ。

今から五三年前の昭和三七年正月の四日、私はそれまで何組かの見合いと恋愛に失敗し、もう結婚しないと覚悟し、勤務先の県立市来《いちき》農芸高校へ帰っていたところ、突然家からの電話で、有無を言わせず急用があるので帰って来いとのことで、急遽《きゅうきょ》帰りました。すると義理の叔父の弟の娘さんが鹿児島にいるので「見合いをせよ」とのことです。

最初、その娘さんは弟の四朗と合わせるつもりだったそうですが、弟が「兄貴を先にさせよ、僕は後でいい」と言ったそうで、私が会うことになったのです。そこで、叔父に伴われて鹿児島のボサド桟橋《さんばし》へ着いた時、体のでっかい人（和子の父だったのです）が、私を親切に出迎え、二人をタクシーで上荒田の家へ連れて行きました。車中、私は相手の娘さんも私より太った人ではなかろうかと想像し、こんなことなら帰らなかった方が良かったと思い、暗澹《あんたん》とした気になりました。

ところが、お見合いの席へ招《しょう》じ入れられると、対面した相手の娘さんは質素な着物姿で、ほっそりした可愛い方でした。美しくもありました。私は一目見ただけで、もしこの娘さんが、私のような醜男《ぶおとこ》といずれ結婚してもいいと思ってくれるなら、この人でいいと決心しました。

正月のお酒を頂き、しばらくお話をしたあと、私たちは二人で天文館《てんもんかん》や山形屋あたりへ出掛けることにしました。山形屋へ入った時、チャイコフスキーの「白鳥の湖」が流れていました。とっさに和子さんが「『白鳥の湖』ですね」と言いました。「ですよ。貴女はクラシック音楽がお好きなんですか」と私が聞くと、「いや、ほんの少しだけです」との返事です。私は少しでも趣味が一致していると思い、ますます彼女に惹《ひ》きつけられました。

その後、三か月間、ラブレターの交換が始まりました。私の方が情熱的な恋文を書いたらしく、約一か月後の頃、和子さんからの返事に「貴男が『一日千秋の想い』で会いたいと言っておいでですので、今日は仕事を切り上げて、さる場所でお待ちしています」と言ってきました。和子は当時、非常勤で県庁に勤めていました。私は高鳴る胸をおさえ、さる場所であいびきを楽しみましたが、その時はまだキスはしませんでした。三か月という短い間に二人の合意ができ、どちらの両親ともOKで、めでたく結婚しました。

それから一年目に市来町で、今、鬼ケ原歯科医院で歯科技工士をしている長男の晃が生まれ、その後、私が串木野高校へ転勤し、そこで、元ヤマハ音楽教室でピアノを教え、今は千葉県に住んでいる長女の有水裕子が生まれ、次に、現在鹿児島相互信用金庫の本部に勤めている二男の洋孝が生まれました。

私たち五人家族は夫婦ゲンカもしながら幸せに暮らしました。しかし、人生は順《じゅん》風満帆《ぶうまんぱん》とはいきませんね。鹿屋へ里帰りし、串木野へ戻る途中、大きな交通事故に遭い、私を除く四人はまさに「九死に一生」を得ました。

それだけではありません。今から二三年前の平成四年、私が高山高校を定年退職した年、和子が「くも膜下出血」に襲われ、もう駄目かと思いましたが、四時間の手術後、間一髪《かんいっぱつ》救われ、二か月間で退院できました。退院の時、看護師さんが和子に向かって、「あなたがこんなに早く治ったのは、日夜、毎日通って下さった旦那さんのおかげですよ」と言い、私をほめて下さったらしく、私は照れくさく思いました。和子は二度も大きな危機を乗り切りましたので、今度も大丈夫だと思っていましたが、憎い病魔は遂に和子の命を奪い去りました。

和子はひ弱な体で、職についていませんでしたので、家ではリューマチで苦しんでいた私の母を五年間、ぐちをこぼすこともなく面倒をよく診てくれました。名古屋から先日見舞いに来て四日間居てくれた私の三名の妹たちからは、まるで神様のように崇《あが》められ、愛されていました。また、隣人数名のモアイ仲間の方たちからも親しく付き合っていただきました。この場を借りて深く感謝申し上げます。

私が代表を務め、仲間たちと共に闘った「反戦・反核・平和運動をすすめる大隅市民の会」の平和運動を三〇年間も陰の力になり、支えてくれました。

私は和子なくしては、学校教育は勿論のこと、このような平和運動は出来なかったと思います。

この和子の「内助の功」に私は深く感謝しています。それに報いるべく今回の病気では三か月間、「老々介護」をし、一日も和子のそばを離れませんでした。ただ看護師さんが八三歳の私の健康を気遣って、「今夜は帰って休みなさい。私たちが診ますから」と言ってくれますので、「はい、そうしましょう」と言いますと、ベッドに寝たままの和子が、「なぜ帰るの、そばにいてよ」と哀願します。「分った、分った、一緒にいるよ」と和子をなだめ、私はこっそり帰り、休もうとしましたが、和子への想いが一段と募り、寝つかれず、翌朝七時に病院へ帰って来て、「ごめん！　ごめん！　夕べは寂しかったね。もういつまでも一緒にいるよ」と言って謝りました。

病気が重くなり、下着も一人で着られなくなったので、私が着せてやり、大きく腫《は》れてしまった足に靴下をはかせながら、なかなか難しいので、「お父さんは靴下はかせの博士号は到底とれない」とダジャレを言うと、すでに認知症が現われていた和子は、申し訳ないと言いたそうな表情で私を見ていました。

このように言いますと、私が愛妻家のように思えるかもしれませんが、私は決してそうではありません。

くも膜下出血症治癒後、短歌を詠み始めた和子が、短歌の大御所・窪《くぼ》田空穂《たうつぼ》の随筆の中で、「人間の短気は一生治らない」と書いていると言い、私に向かって「あなたが短気でさえなければよかったのに」と何度も言っていました。この短気が愛妻家でない一番の証拠です。この場を借りて、母ちゃんへ謝らせてもらいます。

「母ちゃん、ごめんね。この次生まれ変わったら短気をなくし、ほんとの愛妻家になるから、またお父さんと結婚してね。頼むよ！

おばあちゃんは優しい、と言って親しんでくれた三人の孫にも恵まれてよかったね。もし天国で会えるものなら、子供夫婦に晃及び孫三人と僕たち二人の一〇人で、また会おうね。それでは、これでお別れにしようね。

母ちゃん、さようなら。安らかに眠ってね」

以上、大変、大変長い型破りの弔辞をしてしまいました。どうぞお許し下さい。

皆さん、本日は本当に有難うございました。遺影の和子と共にお礼申し上げます。

これで終わらせていただきます。

二〇一五年一一月二五日「あけぼの葬祭」にて

第三章　葬儀を終えて

1　最もつらく、悲しい思い

葬儀が終った後、私は亡妻《つま》の遺体を乗せた霊柩車に同乗し、大勢の弔問客に見送られ、葬祭場を後にした。

火葬場は、当地では有名(?)な高隈《たかくま》山麓にあり、そこへ到着するなり、棺は焼却室へ運ばれ、炉の中へ入れられた。焼却開始のボタンは喪主が押さねばならず、私は震える手で押したが、心の中で「母ちゃん、ごめん、さようなら」と最後の別れの言葉を告げた。この行為は流石につらく、悲しかった。次に焼却が終わって、焼却台に灰骨となって現われた姿を見た時と、灰骨を参列者一同が骨壺に入れる段になり、喪主の私が最初と最後に火箸《ひばし》で拾い、入れた時は無念の悲しみが込み上げ、涙が自然に溢れ出た。

ふと、その時、私は悲しみを抑え、骨壺へ向かって、「母ちゃん、一緒に家へ帰ろうね」と呟いた。

帰途、車中で「この世ではもう二度と妻に会うことは出来ないのだ」と思うと、涙が溢れてどうしようもなかった。

この思いほどつらく、悲しいものはない。最もつらい苦しみであり、毎日、二〜三回は脳裏に浮かび、その度に苦しみもだえる。

私は二年を過ぎた今日に至るまで、この苦悩から解放されずにいる。そして、その度ごとに、生前、夫婦の別れ［死別］が、これほどもつらいものであることを、少しでも知っていれば、妻をもっともっと大事にするのだった、と思ってきたが、すべてが後の祭りに過ぎなかった。

ここで追加しておきたいことがある。

今し方、私は亡妻の骨壺へ向かって「母ちゃん、一緒に家へ帰ろうね」と呟いた、と述べたが、この言葉を私の傍で耳にした義妹が「お義兄《にい》さん、気を落とさず、我慢して強く生き抜くのよ！」と慰め、励ましてくれた。

この義妹は亡妻の実兄・永吉敏明の妻（美奈子）で、現在さいたま市在住で、私は一年以上に亘り、夕暮れ時、一人寂しくなると、電話でしばしば彼女に救助を求めた。

義妹は大変人情が豊かで、私を慰め、励まし、寂しさから救ってくれた。ここに改めて深く感謝しておきたい。義弟も同様である。

2 「夫婦の別れ[死別]ほどつらいものはない」の追体験《ついたいけん》

健康に暮らしている夫婦で「夫婦の別れ[死別]ほどつらいものはない」(以下、「この言葉」と略す)を自分のこととして、あるいは立ち止って少しでも考えてみた人が、どれくらいいるだろうか。または、「この言葉」を聞いたこともない人はいないだろうか。

恥ずかしいことだが、実は私は妻が亡くなる以前、「この言葉」を他人事としか考えていなかった。というより、立ち止って少しも考えたことがなかったといった方が正しい。

そのため、反省と後悔と苦しみを繰り返し今日に至っている。

もし「この言葉」を自分のこととして、あるいは、立ち止って少しでも考え、理解していたら、生前、妻をより以上に大事にしただろうと思うのである。

そこで、未体験の夫婦へ「この言葉」を自分のこととして考え、理解して欲しいと切望する。つまり、追体験して欲しいのである。

以下、どのような場合、苦しみ、反省し、後悔してきたかを具体的に自分の体験を通して例示してみよう。

3　トイレで、亡妻《つま》を偲ぶ

はばかる話であるが、私は毎日、トイレで亡妻を偲び、応答なき対話をしたり、独りごとを言ったり、泣いたりしている。いうまでもなく、トイレなら聞く人も、見る人もいないからである。

妻の死後、初めの期間(一～二年間)は、毎回「この世でもう二度と妻に会うことは出来ないのだ」という思いと、「臨終の妻を看取れなかった」という思いが必ず浮かび、苦しみと後悔にさいなまれた。

前者の思いは誰にも共通することだが、最もつらく、苦しく、悲しい。

私は半年以上も泣きじゃくることが多かった。ありし日の妻の姿が浮かび、まだ

「母ちゃんは生きている」と錯覚する。が、次の瞬間、火葬場での灰骨になった姿が浮かび、決定的に、この世にはもういないと思う。絶望し、悲しみの底に突き落とされる。涙が湧き、そして溢れる。

こんな状況を何回繰り返したか分からない。

人は死すべき運命にあるのだと思い、諦めようと思うが、なかなか諦め切れないのだ。

二年以上経った今、苦悩は徐々に薄れてきたように思うが、まだ解放されないでいる。

二〇一八年一月二八日の卓上メモに次のようなことを記している。

二年以上過ぎた今も、トイレで亡妻を偲び独りごとを言う。

母ちゃんにもう一度会いたい。涙がにじむ。母ちゃんのありし日の姿が浮かぶが、次の瞬間、灰になった姿が浮かび、やはり母ちゃんはこの世に、もういないのだ。もっともっと妻を大事にすべきだったと痛切に思う。

母ちゃん、短気を出して怒ったこと、ごめん。許してね。

こんな独りごとや想念を繰り返してきた。

私のように、トイレという場所で、亡妻を追慕する人もいるかもしれないが、各人それぞれの場所で、例えば台所とか、寝室とか、化粧室とか、庭園とか、散歩道などで、同様のことをされると思う。

ここでエピソードを二つ紹介させていただこう。

エピソード　その①

妻の死後数日経った朝、私は妻といつも散策していた散歩道を歩いた。妻は病気の後遺症で歩行が遅く、一足先に行ってしまう私は、後ろを振り向き、振り向きしながら妻が追いつくのを待った。交差点へ差しかかると、私は左右の安全を十分確かめ妻を渡した。

妻は短歌を趣味にしていたので、散歩道の土手に生えているいろいろな草花を丹念に観察し、歌詠みの素材にしていた。

私は一人で歩きながら、妻のそんな姿を思い浮かべ、たまらなくつらく、悲しくなり、涙が溢れた。周囲に人影がなかったので、男泣きに声を出し、泣きながら歩いた。

すると、道が左折する所に来た時、突然、五〇代の夫人に出会った。彼女は私が号泣していたのに気付いたらしく、関西弁の口調で「旦那さんは、なぜそんなに泣いてやはるの？」と訊ねた。

私が事情を伝えると、「泣きなはれ、泣きなはれ、涙がかれるまで泣きなはれ。それが一番のクスリよ」と言って慰め、励ましてくれた。そしてすかさず、夫人は自分も一年前、母親を亡くし、半年前には夫まで亡くし、この世には神も仏もいやしない、とまるで神仏を冒瀆《ぼうとく》するような語気で言い、今はつらく、寂しく、悲しい毎日を過ごしていると、その苦悩の心境を話した。

そして、別れぎわに「旦那さん、泣きたい時には声が嗄《か》れるまで泣きなはれ。それがクスリなのよ」と、また同じことを言って、私の傍らに近づき、まるで母親のように私の肩を軽くたたき、「旦那さん、気を強く持ちましょうよ」と、自らにも言い聞かせるように励ましの言葉を述べ、去って行った。

私はその夫人と今一度会ってみたい気がするが、その後一度も姿を見かけない。

エピソード　その②

先と同様、妻の死後数日経った午後のことだったが、納骨堂へ焼香に行くと、亡妻のすぐ隣りの納骨堂で、すでに焼香を終えた六〇代の夫人と対面した。

彼女は私が焼香するのを見届けた後、私に「ご主人は最近、奥様でも亡くされたんですか」と訊ねるので、「はい、そうです。妻を一週間ほど前、亡くしました」と答えると、「そうですか。それでは今が一番つらいですね」と応じ、次のような話をしてくれた。

要点だけ紹介すると、彼女は夫を三年前亡くし、生前、夫婦喧嘩もときどきしていたけれど、亡くなってみると、やはり夫が一番大事な人だったことが分り、恩に報いるため、できるかぎり供養したいと思い、単車で一年間は雨の日も風の日も一日も欠かさず、焼香に来ました。そして、二年目は一日おきに、三年目は週に一回、時には二回来ております。その程度のことはしないと、夫にすまない気がし、また、私の心も落ち着きません。

このような話をした後、「ご主人もきっとそうなさるでしょうね」と私に賛意を求めると共に忠告めいた話をしてくれた。

私が「大変参考になるお話をして下さり、有難うございました」と礼を述べると、夫人は笑みを浮かべ、「ではお先に失礼します」と納骨堂を後にした。

私は、無論初めてであるが、参考になるいい話を聞いたと思い、彼女に従うように、亡妻の焼香に日参することにした。幸い私は家から納骨堂まで、車で往復十数分程度しかかからなかったので、それは容易なことだった。

私は焼香には大抵、午後三時前後に行ったが、納骨堂へ入る時、「母ちゃん、会いに来たよ」と言い、骨室の上部に置いている写真に向かって、前日やその日の出来事などを伝え、つらい気持を少しでも和らげるため対話した。このような行為を一年間続けたが、まだ供養が足りぬ気がして、更に半年間続け、その後は一日置きに行くことにし今日に至っている。

この納骨堂のある明照寺《めいしょうじ》は法然を宗祖とする浄土宗の寺院であるが、住職のH氏が、日参する私に、他にも同様の門徒が数人いるが、ほとんどが男性であると教えられた。男性が多い理由は明らかにしなかったが、私は同類がいることを知り、安堵した。

4　外出先から帰った時

私の義妹の知人で、三年前夫を亡くしたＦさんという夫人がいた。Ｆさんは義妹から私の妻の死去のことを聞き、私に夫婦の死別のつらさを話し、慰めてあげたいといい、二人で拙宅を訪ねて下さった。妻の死後十日ほど経っていた頃と思う。私はＦ夫人の、まだ記憶に鮮明な体験談を聞き、なるほどそうだと頷《うなず》き、夫を亡くした場合も同様なんだなぁと思った。

Ｆ夫人の話で、私に最も印象に残ったのは外出先から帰宅した時のことだった。そこで私も、次に多少似通っているが、私の場合を紹介したいと思う。

私は妻を亡くして、自分が食事の準備をしなければならず、食品や食材の買い出しにスーパーへ出掛けることが多くなった。また、銀行や病院などへ行くのにも外出しなければならなかった。

外出時間が半時間、またはそれ以上経ってから帰宅した時は、家に誰もいない孤独感が漂っている気がしてならない。人っ子ひとりいない。そんな時は侘《わび》しく、辛い。

私は車を車庫へ入れ、庭を見ると誰もいない。すると咄嗟に「母ちゃんのいない家には帰りたくない」という言葉が口を突いて出てくる。私は同じ言葉を二～三回繰り返し、涙をにじませ、玄関へたどり着く。ドアを開け、今まで通り、「母ちゃん、ただいま」と言うが、「お帰り」の返事がない。部屋へ入り、壁に掲げている遺影に向かって、「母ちゃん、帰ってきたよ」と言っても応答がない。「返事をしてよ」と催促するが沈黙している。次に仏壇に置いてある写真を覗《のぞ》き込み、「母ちゃん、買い物から今帰ってきたよ」と告げるが、何の反応もない。母ちゃんはいないのかと、部屋中、見回しても妻の姿はない。

私は急いでカーテンを開け、今しがた見たばかりの庭をまた覗いてみるが、妻の姿はどこにもない。

ふと、現実へ返り、「母ちゃんは、もうこの世にいないんだ」と思う。すると、絶望感と孤独感に包まれる。

こんな時のつらさと寂しさと悲しさは、またいいようがない。

私は亡妻への思慕が募り、忌明けの頃までは、前述同様の状態が続き、家で独りして男泣きに泣いた。

さて、私は先に亡妻が生前短歌を詠むのを趣味にしていたと書いたが、その発端は、くも膜下出血で二か月間入院し、その後退院してからのことだった。

たまたま、近くに短歌愛好家の夫人がいて、彼女は全国的な同人短歌誌『コスモス』の会員で中堅どころの歌人であったようである。

健康を回復した妻は、縁あって、この夫人のもとへ短歌学習に通い始めた。それから半年ほど後に、『コスモス』に入会し、短歌詠みに専念するようになった。

妻は毎月十首ずつ、この短歌誌へ投稿するようになり、短歌に全く素人の私に、投稿作品の感想を求めるようになった。私は単なる勘から適当な評言をした。そんなことを繰り返すうちに、私も妻の影響で、徐々に短歌に興味を持つようになり、一時期、短歌詠みの真似事をしたこともあったが、うまくいかず中断した。

妻は『コスモス』会員になってから確か五年後に死去した。私は妻の死の衝撃から、しばらくはペンをとる気など全くなかった。忌明けが過ぎた頃から、少しばかり心の落ち着きを取り戻し、「外出先から帰った時」で述べたような心境を、ふと、短歌に詠んでみようと思い立った。

そこで、下手な歌しか詠めないことは重々承知の上で、次のような極めて稚拙な短歌十首を詠んでみた。恥を忍んで紹介させていただくが、ご一読いただければ有難い。

◉亡き妻を追慕して

帰り来てただいまと言へど返事なく掲げし遺影に催促するも

一言《ひとこと》ぐらい返事してよと呼びかくも応答の無き妻の遺影は

亡き妻の写真を眺め「会いたい！」と幾度《いくたび》呼べど返事返へらず

庭のぞき妻の姿の絶へしをば永久《とわ》の別れと知りて悲しむ

これほどに辛《つら》きこととは知らざりし逝きし妻との永久《とわ》の別れは

一日も欠かさず会ひに行く亡妻《つま》は明照寺の納骨堂に眠りいる

遠くより納骨堂を眺めつつ会ひに行くよと亡妻《つま》に呼ばひぬ

もう二度と共に歩けぬ散歩道亡妻《つま》の面影浮かべて行きぬ

もう二度とこの世で会へぬ亡妻《つま》想い涙に暮れぬ日々の続きて

妻逝きて忌明け過ぎしもいや増しぬ亡妻《つま》への想い限りなく深し

ついでに、後述する事柄と関連すると思うので、妻が死を予感して詠んだと思われる短歌二首も紹介させていただく。

この二首は、鹿児島から病妻を見舞いに訪ねた義姉に、妻がその在《あ》り処《か》をこっそり教え、いずれ日時が過ぎてから私に伝えてくれるよう依頼したものだった。

私はそれと知らずに、妻の死後数日経って彼女の短歌メモ帳を調べていたところ発見し、死去する約五十日前に詠んでいたことを知り、妻はすでにその時、自分の死を予感していたのだと推測した。

◉妻の遺《のこ》せし短歌《うた》

病む吾れにコスモス採りてかざりくる夫《つま》に感謝す九月の下旬

無気力の吾れを悲しむ夫《つま》を見て切なき心胸にこみあぐ

思うに、この二首は妻が病院を一時退院し自宅で数日を過ごした時、詠んだものののようである。

私はこの短歌《うた》を詠む時、妻の生前、もし私が読めば悲観することを恐れ、義姉にその所在をこっそり教えたり、私の目の届かぬ所に置いたのだろうと思う。そう思う時、亡妻への哀惜《あいせき》の念を禁じ得ないのである。

なお私が「反戦・反核・平和運動をすすめる大隈市民の会」の代表として、三〇年間続けてきた反核・平和運動と係わって、妻が詠んでくれた一二首を、亡妻への供養と思い紹介させて頂く。ご一読頂ければ有難い。

◉同人短歌誌『コスモス』(宮柊二創刊、コスモス短歌会発行)掲載和歌より

炭化せし少年の写真見し夫《つま》は核廃絶の運動に起《た》つ

湯川博士の核廃絶の呼びかけが原点なりし市民運動

一灯を消すまじといふ思い込め仲間ら集ふ反核集会

原爆の日の巡り来て夫《つま》ら集ふ「反核ゼッケン」胸に掲げて

集会に「兵戈《へいか》無用」のプラカード掲げて参加する老僧のあり（兵戈は武器の意）

急坂をころがるやうに落ちゆくと九条危ぶむ夫《つま》の重き声

変節のなき生き方に友得しとしみじみ語る晩年の夫《つま》

もっともっと平和をうたへわだつみの果てに眠れる死者の声する

若きらに語りつがねば徴兵制復活すると夫《つま》は憂《うれ》へる

「地球から核兵器も原発もなくそう」のステッカー貼る玄関・車に

フクシマの原発事故が活かされぬ国策問ふ人々の群れ

反核を三〇年間続け来し夫《つま》らの願い果てなく遠し

以上一二首は同人短歌誌『コスモス』から私が引用編集した『遺稿歌集 亡き妻を偲びて』(南方新社刊)に掲載したもの。

5　台所で料理する時

亡妻が存命中は病気の後遺症で、朝早く起きるのが困難だったので、私が朝食用の味噌汁だけは作っていた。

その他の料理はほとんど妻にまかせていた。妻が私に食べさせてくれた料理で、今一番先に思い出すのは、晩酌の時の酒肴《しゅこう》である。私が鮮魚店から買ってきたキビナゴや鯵《あじ》、鯖《さば》などを手際よく捌《さば》き、刺身にしながら「昔とった杵柄《きねづか》よ」と腕前を自慢気によく言っていた。

私は「酒によく合うな」などと言って舌鼓《したつづみ》を打って食べたものだった。

今、妻の言葉も聞けず、刺身も食べることが出来ない。侘《わび》しく、悲しく思う。

妻に代わってコックになった私は、近くに住む義妹に教わって、今、漸《ようや》くカレーとスキヤキ程度を作れるようになった。料理しながらガスコンロの台にしつらえてある引き出しや冷蔵庫などを開け、食材を探すと、妻が使い残したまだ新しい品々が沢山ある。それらを見ていると、妻の姿まで浮かんできて「母ちゃんは、何に使うのだったろうか」と独りごとを言い、生きていた時、料理作りを少しでも習っておけばよかったと思う。

台所には、この他に包丁、俎板《まないた》、鍋、釜等妻が使っていた品物が沢山あり、台所ほど妻を思い出させる所はない。

私の家は五〇年以上も前に建てられた木造家屋で、台所には冷暖房装置もなかった。今自分で料理しながら、冬になると足もとが凍るような寒さを感じる時がある。そんな時、ふと、妻のことを想い、よくもこんな寒い所で働かせたものだと、生前、台所仕事を妻にまかせきりだった自分を厳しく責め、後悔する。私にとっては、今になって後悔しても始まらない。後の祭りでしかない。

そこで、夫婦元気な人々へ伝えたい。

家事（台所仕事、洗濯、家の掃除等）や育児などを「主婦業」として妻にだけまかせず、夫も自ら進んでこれらの仕事を分ち合い、協同ですることをすすめたい。

現代の若い夫婦の共働きなら「主婦業」まで協力し合ってやっているカップルをテレビで見かけるが、羨ましい限りだ。私の年代の者にはタブーに等しかった。つまり「仕事は夫、家事は妻」という考えが定着しており、夫が家事、育児などするとは考えもしなかったのである。

このほか、台所以外で、亡妻の化粧室へ行くと鏡台の上に使い残しの化粧水や香水の瓶や櫛などが置かれ、まだ昨日までお化粧していたような錯覚に襲われ、香水を少し嗅《か》ぐと妻の姿と匂いが漂ってくるような気がする。ここもつらい思いをする場所である。

私は自分の勉強部屋の机の上にビニール製のテーブルクロスを敷き、その下に結婚以来二人で写した写真や家族写真を幾組か置いている。部屋に入ってそれらの写真を覗くと、妻の顔が浮かび上って見える、と同時に「母ちゃんは、もうこの世にいないんだなぁ」という考えが浮かぶ。この考えが一番つらい。私は急いで居間に行き、炬燵《こたつ》に足を突っ込む。そして、遺影の妻と応答なき対話を始め、心を落ち着かせる。

6　散歩に出かける時

私は長年、一人で、または妻と共に散歩していたことから、それが習慣化し、妻が亡くなってからも毎日三〇分程度散歩している。

散歩道は、亡妻への思い出が甦《よみがえ》る場所が多い所は歩かないことにしている。ただ、方角は同じで、亡妻が眠る納骨堂のある明照寺がより近くに望見できる閑散とした散歩道である。

家を出てから一〇分ぐらいの所に交差点があり、道路を渡り終った地点に歩行者用の目印と思われる大きな白線が横に引いてある。その白線を踏むと亡妻への追慕が一気に湧き上がる。まず私は空を仰いで「母ちゃんは、今一人で天空をさまよっているのではなかろうか」と想像し、可哀想に思う。と、すぐに二つの想念が浮かぶ。一つは「妻の臨終を看取れなかった」という自責の念と、二つ目は「もう二度と妻とはこの世で会うことはできないのだ」という絶望感である。この二つの想念は私の念頭に同居し、交互に私を苦しめ、悲しませてきた。

自分はなぜ一番大事な臨終に居合わせなかったのか。妻は息を引き取る時「お父さんはなぜ、私のそばにいてくれないんだろう」と想い、一人寂しく絶命したのではなかろうかと想像すると「ごめん！　ごめん！　そばにいないで、ごめん！　許して、許して」という言葉が口を突いて現われ、涙がどっと溢れ、あたりかまわず泣きじゃくってきた。そしてこのことは理由の如何を問わず、自分の重大な落ち度だったと思い、自責と後悔の念に襲われ続けてきた。また、この落ち度を亡妻に謝り続けてきた。

次に「もう二度と妻にこの世で会えない」という想念が、追いかけるように浮かび、絶望感に突き落されてきた。何度もいうように、この思いほどつらく、苦しいものはない。

思い余って、私は「母ちゃん、もう一度この世に戻ってきてくれないか。会いたいよ。そして、まず謝りたい」と懇願する如く独りごちる。空しい。

散歩に出かけると、前述の二つの想念がきまって念頭に浮かび、私を後悔と苦しみを道連れにしてきた。

散歩道が半ばを過ぎ、納骨堂が一番近く間近に望める所へ来た時、私は必ず立ち止まり、その方向を眺め「母ちゃん、一人寂しいだろう。今日も会いに行くよ。待っていてね」と呼びかけることにしている。

また、死について考えることもよくある。

死は一番怖いことだとよくいわれる。死は生と切り離せず、人間は死すべき運命にあるともいわれる。だとすれば、自分も近い将来、死ななければならないのだ、と思う。

そんな考えが浮かぶと共に「自分は死ぬ時、ひたすら妻の所へ行くのだと考えれば、死は怖くないのでは」と思う。「少なくとも怖さが半減するか、軽減されるのでは」などと思う。そこで、「ひたすら母ちゃんのもとへ行くんだと思い、死ぬことにしよう」と結論めいた考えに辿《たど》り着く。

なぜこんな考えが浮かんだのかといえば、私の記憶に誤りがない限り、以前ある本で次のような、臨終にあるクリスチャンの話を読んだ覚えがあるからである。

「あるキリスト教信者の娘さんが、死に直面し、自分は天国にいる母親のもとへ行くのだと思えば、死は少しも怖くない」というのである。

私はこの話を読んだ時、信仰心の深い信者は、そうなのかも知れないと羨ましく思うと共に、自分のような無信仰の者には到底できるものではないと思ったことを覚えている。

しかし、死を近い将来に控え、このクリスチャンの娘さんに少しでもあやかれないものかと考えた次第である。

散歩の時は、前述の二つの想念に加え、死についての考えが主要なテーマとなり、思考し、苦しみ、後悔し、謝罪するなど複雑な感情に支配されながら帰宅する。

私は妻の死後、二年を過ぎても、生じる感情は多少薄れたものの、先の二つの想念からいまだに解放されず、後悔と苦悩にさいなまれてきた。そして、この二つの想念は、私にとって、「夫婦の別れほどつらいものはない」の最大の要因となってきた。無論この他にも妻との死別後、体験した苦しみと後悔については、すでに縷々《るる》述べたし、今からも述べると思う。それらすべてをひっくるめて、もし私が妻の生前、「夫婦の別れほどつらいものはない」という言葉を、自分のこととして捉《とら》え、追体験していたら、実際生ずる体験の半分程度は理解できたのではないかと思う。そして、少なくとも半分程度でも理解できていたら、妻をもっともっと大事にしたであろうと思う。

いうまでもなく、未体験の夫婦に追体験の必要を訴える所以《ゆえん》である。

7　一日で一番寂しい時

人は大抵、一日のうちで最も寂しい時間帯は夕方だろうと思うが、夫婦が死別し、一人になった時は、殊の外、寂しい。

誰もいない家で一人ぼっちになると、喪失感・孤独感・寂寥感《せきりょうかん》に包まれ、いつになく寂しさが増し、つらく、侘しくなる。

このやるせない感情を私は一時的にでも無くすため、夕方になると晩酌をする。早い時は五時半、遅くても六時頃からは始める。

私は歯科技工士をする長男がいるが、仕事からの帰宅時間が、大抵、夜八時半前後と遅いので、その間、家に一人いるのは流石に寂しい。酒は寂しさを癒《いや》すためには最良のクスリである。

ところで、酒となると酒肴のことに触れておきたい。亡妻が生前「昔とった杵柄」の腕前で作ってくれた刺身が食べられないのが、なんともつらく、残念である。自分で買ってきた刺身やツマミを酒肴にするが、気持の所為《せい》もあろうが、やはり妻のものが美味い。残念に思うが、仕方なく店屋物ですませる。

晩酌中、私は小一時間、妻の遺影と応答なき対話をする。回想談やその日の出来事やよもやま話を話して聞かせる。分っているが、何の反応もないので「一回ぐらい返事してよ」と呼びかける。沈黙している。つい先日までは側《そば》にいた妻の姿もない。寂しさが周囲を圧する。咄嗟に、私は「母ちゃんのいない生活は何の喜びもない」と遺影に向かって聞こえよがしに呼びかけ、涙ぐむ。

妻が側にいてくれない晩酌ほど、これまた、味気なく、侘しく、つらいものはない。

おかしなもので、一度亡妻への想いが募ると感情はエスカレートし、留まることがない。

「母ちゃん、どうすればいいのよ。分らないじゃないか」と呟く。

癒しのために始めた晩酌が、この時点までは逆効果である。

しかし、酒をちびりちびり飲み続けると〝クスリ〟の効能が現われ始める。一合ほど飲み干すと、酔いが八〇％程度回り、亡妻への思慕も同程度に薄められる。酔いが頂点に達する頃、効果十分と思い、次に趣味にしているクラシック音楽と懐メロを聴くことにする。無論、これも癒しのためである。

クラシックは主に、モーツァルト、シューベルト、チャイコフスキー、グリーグ等の曲が好きで、それらの作曲家の中のポピュラーなものを聴く。懐メロは『文部省唱歌』に集録されている世界各国の民謡(演歌は除く)である。

生前、亡妻も一緒に屢々《しばしば》聴いたので趣味の傾向も似通っていた。

癒しのためよく聴く曲を前述の作曲家順に一曲ずつあげると「アイネ・クライネ・ナハトムジーク」、歌曲集「冬の旅」、交響曲「悲愴」、ピアノ協奏曲「イ短調」などである。懐メロはロシア民謡をはじめ欧州各国の民謡、フォスター作曲のアメリカ民謡(？)などである。日本の「早春賦」もよく聴く。これらの曲を聴くと効果十分である。陶酔するので亡妻のことも、寂しさも忘却できる。

ところがこんなことが起こる。

生前、亡妻と共に好んで、よく聴いた曲、例えばシューベルトの歌曲集「冬の旅」二四曲の中の五番「菩提樹」、六番「溢るる涙」(原語・雪どけの水流)やグリーグの「ペール・ギュント組曲」の最後の曲「ソルヴェイグの歌」および日本の民謡で、中田章作曲、吉丸一昌作詞の「早春賦」など、亡妻への思い出がいっぱい詰まった曲を聴くと、つらくて堪えられなくなる。そこで、すぐ私は遺影に向かって「母ちゃん聴いているね？　母ちゃんが好きだった曲だよ」と呼びかける。反応はないけれど、聴いているような気になる。一瞬、私を襲った感情が消え去る。酒の酔いが打ち勝ったのだろう。

夕暮れ時の寂しさを、このように克服している頃、息子が仕事から帰ってくる。

くどいが、それにつけても思うことは、亡妻の生前「夫婦の別れのつらさ」を自分のこととして、追体験しておくべきだったということである。今になっては後の祭りで、後悔先に立たずとはこのことだと思う。

そこで、繰り返し述べたように、未体験の夫婦の方々は、今一度「夫婦の別れほどつらいものはない」という言葉を自分のこととして受け止め、心に銘記し、追体験して欲しいと思う。そうするなら、夫婦は今までより一層お互いを大事にし、助けあって、円満な暮らしが送れると信ずる。

第四章　夫婦の死別の苦しみは古今東西同じ

——ギリシャ神話による「オペラ・オルフェウス」より

洋の東西を問わず、ギリシャ神話の昔から「夫婦死別の苦しみ」は同様に存在したものらしい。

バロック音楽の作曲家といえばヴィヴァルディ、バッハ、ヘンデル等をすぐ思い出すが、グルックは私のような単なる趣味程度の者には思い出せない。

先日、野呂信次郎著『名曲物語』を読んでいたら、グルックはバロック時代の作曲家の一人で、歌劇作曲家として有名であったことを知った。

彼の作品に「オルフェウス」というオペラ(歌劇)があり、この原作はギリシャ神話から取材しており、「夫婦死別の苦しみ」が作曲・演出され、見る者・読む者の心を打たずにはおかない。私は実際見たのではなく、読んだだけなのだが、大変感動したのである。

そこで、この物語の筋を野呂先生の説明から、長くなるがそのまま引用させていただくことにする。

月桂樹や糸杉の茂る草深い墓にひざまずいて、今は亡き妻エウリディーケを偲んで泣きくずれるオルフェウス。やがて彼は恋しい妻の後を慕って死のうとしますが、そこへ愛の女神があらわれ、神々が命じる試練に耐えれば、エウリディーケをよみの国から救い出してあげようといいます。オルフェウスは恐ろしい妖怪や復讐の女神の踊り狂う地獄を通って、美しい花の咲き乱れる天国に達し、エウリディーケを見つけます。「精霊の踊り」の音楽がこの場面できかれます。オルフェウスは妻を地上につれ帰るまでは絶対に彼女の方を振り向いてはいけないと命じられ、やっと見つけたエウリディーケの手をとって、後を振り向かずに地上に戻ります。

しかしエウリディーケは顔さえ見てくれないオルフェウスが心もとなくなって、「どうか私を見て、そして抱いて下さい」と懇願します。オルフェウスがその言葉に負けて、心ならずも振りかえると、とたんにエウリディーケはくずれるように倒れて再び死んでいきます。「わたしはエウリディーケを失った」の神秘的なまでに美しいアリアは、ここでオルフェウスによって涙ながらに歌われます。絶望したオルフェウスが短刀をとって、自らの生命を断とうとしたとき、愛の女神があらわれ、オルフェウスを助け、よみの国に眠るエウリディーケを甦らせて、二人を愛の殿堂へとつれ去ります。

（野呂信次郎著『名曲物語』現代教養文庫、社会思想社刊）

恐縮ながら、大変長い引用をさせていただいたが、私は長いとは思えないほど感動して読んだ。皆様はいかがだったでしょうか。特に体験者の方々はきっと感動して読まれたのではないでしょうか。

私がまず思ったことは、「夫婦の別れ［死別］の苦しみ」は、洋の東西を問わず、ギリシャ神話の昔から同様にあったのだ、ということと、人情はどこの世界でも同じなんだなぁ、ということであった。

次に私は、その時まで、自分も何回か似通った空想をしてきたのだが、今回もまた「亡き妻をもう一度この世に呼び戻し、もう一度会い、妻亡き後の苦しかったさまざまな出来事を語って聞かせ、少しでも分ってもらいたい」と願望を交えて空想したことだった。

そして、現実に立ち返って思ったことは「夫婦の別れ［死別］がこれほどもつらい」

ことが妻の生前に分っていれば、妻をもっと大事にするところだった、という反省と自責と後悔だった。

あとがき

私は今から二九年前の五七歳の時、樹芸書房から処女出版した拙著『読書のすすめ』の「本との出会い」という項目で次のように述べている。

私たちの人生にはいろいろな偶然の出来事がある。そしてこの偶然の出来事によって、私たちの生涯は大きく左右されることがしばしばあるものだ。このような出来事を私たちは「出会い」とか「めぐり会い」または「邂逅《かいこう》」などと呼んでいる。

小学校の時、出会った美術の先生の影響で、生涯、絵をかくようになった人もいるかもしれない。もっと長じて、青年時代——高校や大学で、あるいは職場で、尊敬する師や先輩・社長などにめぐり会い、それらの人々から決定的な影響を受け、生涯の方向を決めたという人も多いだろう。

こうような「出会い」が読書の世界においてもしばしばあるのだ。ある一冊の本にめぐり会ったために、それをきっかけに本を読むようになったとか、また人生に一つの大きな転機が訪れたとかいう場合である。

ここで、僭越《せんえつ》ながら私と本との出会いについて紹介させて頂こう。

私は大学一年の時、当時若者たちに人望のあった著名な哲学者・三木清の『読書と人生』にめぐり会い、これをきっかけに、本を読む人間となり、以来今日に至るまで六五年以上読書を続けている。この間、読書の面白さ、楽しさ、読書が与える生き甲斐など、読書の醍醐味《だいごみ》を満喫してきた。この読書の与える面白さ、楽しさ、生き甲斐を私は少しでも多くの人々に伝えたいと思い、浅学非才の身にむち打って拙書『読書のすすめ』を執筆し、樹芸書房から出版させて頂いた次第である。

それではこの樹芸書房の主幹である小口卓也さんとはどんな経緯で「めぐり会った」のだろうか。簡単に紹介させて頂こう。

一九八一（昭和五六）年前後、NATO（北大西洋条約機構）とソ連（旧）との間に核戦争の危機が叫ばれるようになり、同年一〇月一〇日、西ドイツ（旧）の首都ボンで三〇万人もの反核運動大集会が開かれた。これは燎原の火の如く全欧に燃え広がり、米国・日本へ飛び火し、八二年にかけて世界的規模の核廃絶運動へ発展した。

マスコミ報道で、私たちは欧州において、八〇年初め頃から、すでに反核運動が始まっていたことを知っていたので、八一年五月、鹿児島県鹿屋市を中心に大隅半島一円の一般市民に呼びかけ、約三〇名の賛同を得て「反戦・反核・平和運動をすすめる大隅市民の会」を結成した。同会の実践目標は「地球から核兵器をなくそう」と書いた反核ステッカーを車や家々の玄関へ張り、核兵器廃絶を広く一般市民、住民へ呼びかけるものだった。

同会の反核運動をさらに広めるため、代表の私が、その趣旨を新聞の投稿欄へ応募した。すると、世界的に空前の核廃絶運動が始まっていたこともあって、朝日新聞・毎日新聞・南日本新聞・西日本新聞の四社が、投稿を掲載してくれた。

私たちが反核ステッカー運動を始めた時より以前、小口卓也さんは東京都国立市で、一人で「反核の家」なるワッペンを各戸の玄関へ張り付ける運動をすでに提唱していた（朝日新聞・投稿欄）。まったく偶然といえようか、たまたま私の投稿を朝日新聞で一読した小口さんは早速、電話で吾が意を得たと言わんばかりに事情を述べ、私たち「大隈市民の会」の会員に参加させてくれないかと申された。私は一も二もなく受理し、会員名簿に「小口卓也」を追加記入した。

このような偶然のきっかけが機縁となり、その後、二人の間に文通が始まり、直接対面する機会も得て、以来今日に至るまでお付き合いをさせて頂いている。この間、私は『戦争責任を自らに問う』の二作目を同社から出版して頂き、この度三作目を上梓して頂くことになった。無名の者が書いた、売れる見込みもない本を快くお引き受け下さった小口さんに対し私は心から敬意と感謝の念を抱いている。小口さんは、温厚・誠実なお人柄で、私は親交を結ぶことができて今日までに至っているのは、まさに「めぐり会い」であり、僥倖《ぎょうこう》としかいいようがない。

本書の「刊行に寄せて」を執筆してくれた土岐邦成君との出会いについても一言。私は一九五五(昭和三〇)年、鹿児島大学を卒業後、翌年の三月、奄美群島の徳之島にある徳之島高校へ教員として赴任した。奄美大島が米軍占領統治から本土へ復帰して四年後のことだったと思う。

私が土岐君と初めて出会ったのは、彼が高校二年生の時だった。私が担当する英語の授業で、ノートの整理状況を調べるため机間巡視をしていた時、ひときわ目立って見事に整頓されたノートに目が引き付けられた。それをじっと見ると、文字も上手なうえに、内容も極めて正確だったので、驚嘆し、贔屓《ひいき》にならぬよう低い声で「立派だね」と賞讃した。ノートの持ち主はこの土岐君だったのである。

このことがきっかけとなったのだろう。以来、彼との間に親しい関係が生れ、今日に至るまで長年の間、交友が続いている。私は彼を「教え子」とは思わず、「若い友人」として付き合っている。

土岐君は真面目な努力家で、高校卒業後、中央大学に学び卒業後は郵政省に就職し、郵政一筋に生き、退職時には都内の飯田橋郵便局の局長まで立身している。温厚実直で、誠実な人柄であり、他人の面倒みがよく、多くの同僚たちに信頼されている人物である。

彼は退職後、彼の言葉を借りれば「六十の手習い」で短歌を詠み始め、東北アララギ会「群山《むらやま》」の同人となり、この面でも才能を発揮し、今はすでに歴《れっき》とした歌人になっている。

偶然の出会いとは実に面白いものだと思うが、私は拙著出版の相談で何回か上京し、小口さんと打ち合わせをしたことがあった。確か三回目だったと思うが、小口さんへ土岐君と対面して頂くことにした。ＪＲお茶の水駅の出口で合流し、近くの食堂へ入り、早速私から土岐君を紹介した。二人の自己紹介を含め、対話が進行するうちに、なんと小口さんも中央大学出身であることが分り、二人の会話は一挙に親密さを加え、賑やかになった。夕暮れ時だったので、酒も酌み交わし、話は弾んだ。二人は意気投合し、学生時代の懐古談に夢中になり、一気に親しい先輩後輩の仲になった。以来、二人の間に交友が生れ、今日に至っている。

この出来事も偶然による「出会い」という他はない。「出会い」がいかに面白いものであるかを述べた所以《ゆえん》である。

最後になるが、私はこの拙著の生原稿を二人に送り、読める代物かどうかを吟味してもらうことにした。すると時あたかも本年の雑誌『新潮45』三月号に特別企画で「妻に先立たれた男の話」、また『文藝春秋』四月号に大型企画として「亡き妻へ 亡き夫へ」なるテーマで、有名・知名人の手記が掲載され、いずれも一読したという二人から、私の拙稿も時宜《じぎ》を得ており「いいのではないか、ＯＫだ」との返事を頂いた。何もかも偶然が重なり合っているように思えるが、以上のようなことから、この度『夫妻の別れ［死別］ほどつらいものはない――未体験の夫婦へ伝えたい――』を上梓することになった。小口卓也・土岐邦成の両氏に対し、深甚の謝意を表したい。

最後に、カバー・表紙をデザインしてくれた鹿児島県日置市の河野たつひと氏は私の同僚で、以前、高校で美術を担当していた。高校在職中、私たち同僚で立ち上げた前述の「反戦・反核・平和運動をすすめる大隈市民の会」の主要メンバーの一人であり、私にとってはまさに「邂逅の人」でもある。ちなみに樹芸書房から出版した拙著『読書のすすめ』と『戦争責任を自らに問う』の二作のカバー・表紙も河野氏にデザインして頂いた。多忙な時間をさいて、今回も立派なデザインを描いて頂いた労苦と友情に対し、私は心からの謝意を表する。

二〇一八（平成三〇）年　五月

上山　陸三

上山陸三（うえやま りくぞう）

1932(昭和７)年　鹿児島県大隅半島に生まれる。
1955(昭和30)年　鹿児島大学文理学部（英米文学専攻）卒業後、鹿児島県内各地の高校で英語教師として教鞭をとる。
1992(平成４)年　同県立高山高校を最後に定年退職。

1982(昭和57)年　「反戦・反核・平和運動をすすめる大隅市民の会」を市民仲間と結成。同会代表として平和運動に30年間従事。今日では後輩に継承するも、一会員として積極的に参加。
2014(平成26)年　遠藤三郎賞(平和賞)を受賞。

著書　『読書のすすめ』『戦争責任を自らに問う』『忘れな草は咲くか——私の死生観——』以上、樹芸書房刊
『きちんと知りたい日本の近現代史』『恒久の平和を求めて』『遺稿歌集 亡き妻を偲びて』以上、南方新社刊

夫婦の別れ［死別］ほどつらいものはない
——未体験の夫婦へ伝えたい——

2018年７月２日　初版第１刷発行
2019年２月24日　初版第２刷発行

著　者　上山 陸三
発行者　小口 卓也
発行所　樹芸書房
〒186-0015 東京都国立市矢川３-３-12
Tel&Fax：042(577)2738

印刷・製本　明誠企画

ISBN978-4-915245-69-5
定価はカバーに表示してあります。